Moor

Moor

Naturerbe längst vergangener Epochen

EDITION
Quadra

im Tecklenborg Verlag

„Es war eine endlose Weite, in der kein Gegenstand sich über Kniehöhe erhob und die Horizontlinie weithin durch das Moor selber gezirkelt wurde.
Sammetgrüne, olivfarbene, rostbraune und blutrote Moorpolster bildeten das farbenreiche Muster des weichen, schwellenden Teppichs, über den der Fuß auf die Dauer nur mühsam zu schreiten vermochte und mit jedem Schritt Wasser aus dem saugenden Riesenschwamm herauspresste. Es war eine Landschaft, in der Erhabenheit und Schönheit mit dem Grauen einer trostlosen Öde dicht nebeneinander wohnte.“

Schilderung eines natürlichen Hochmoores des Botanikers August Griesebach (1859)

„Es geht etwas Schwermütiges, ja Drohendes von ihm aus. Düstere Geschichten von gurgelnden Tiefen und von Menschen, die darin versanken, machen in Dorfkrügen die Runde. Die Leitfarbe ist Braun. Die spärlichen Bäume kriechen wie Krüppel am Boden hin und krallen sich mit den gichtigen Krummfingern ihrer Wurzeln in einen Grund, der nicht trägt. Der menschliche Fuß tritt wie auf Schwämme. Wasser steigt um ihn auf. Es riecht modrig nach Tod, und selbst unschuldigen Pflanzen haftet etwas Mörderisches an: Sonnentau, der mit glitzernden Leimfingern Insekten anzieht, um sie sich einzuverleiben."
So beschreibt Horst Stern das Moor, welches von all unseren Landschaftsformen wohl die geringste Wertschätzung durch den Menschen erfährt. Moore waren und sind natürliche Grenzen zwischen Städten, Regionen und Kulturräumen. Man ging dem Moor aus dem Weg oder versuchte, es als Ödland zu klassifizieren und es nutzbar zu machen. Den Kultivierungsmaßnahmen ging der Wasserentzug und damit die Zerstörung des Lebensraumes Moor voraus.
Faszinierend ist das Moor besonders für den, der sich aufmacht, etwas von der Entstehung zu erfahren, die hochgradig spezialisierten Pflanzengesellschaften und ihre Lebensbedingungen kennen zu lernen und die

Bereits im März, wenn die Moortümpel wieder eisfrei sind, beginnen die Moorfrösche ihr Liebesspiel. Dabei tragen die Männchen für wenige Tage ein blaues Hochzeitskleid.

Begegnung mit der vergleichsweise artenarmen Moorfauna sucht.
Die Lebensgemeinschaft Moor ist keine endgültige Landschaftsform, sondern ein zeitlich begrenzter Lebensraum, der einem Prozess der Veränderung unterworfen ist.
Die Moore entstanden in der Nacheiszeit, als die letzten Gletscher wegschmolzen und die schwindenden Eismassen Niederungen hinterließen. Sie sind somit echte Kinder der Eiszeit. Moore wuchsen an Standorten, wo ständig bzw. zum überwiegenden Teil des Jahres ein Wasserüberschuss vorhanden war. Dadurch konnten die absterbenden Pflanzenteile nicht vollständig zersetzt werden. Es bildeten sich Torfe, wobei sich die Pflanzenreste nicht nur ansammelten, sondern auch chemisch umgewandelt wurden. In Abhängigkeit von den klimatischen Bedingungen und der Geländeform entstanden unterschiedliche Moortypen und damit verschiedene Torfarten.

Renaturierungsmaßnahmen haben dazu geführt, das die Moore im Nordwesten Deutschlands als Trittsteinbiotope feste Bestandteile auf den Zugwegen der Kraniche geworden sind. Die weiten Moorflächen bieten den scheuen Zugvögeln beste Bedingungen für Rast und Nahrungsaufnahme auf ihrer langen Reise.

Grundsätzlich unterscheidet man Hoch- und Niedermoore. Zu den Niedermooren gehören alle Moortypen, die vom Grund- oder Fließwasser versorgt werden. Diese Standorte sind relativ nährstoffreich und man findet dementsprechend ein üppiges Pflanzenwachstum vor. Abgestorbene Pflanzenteile werden aufgrund von Sauerstoffmangel in den tieferen Wasserschichten nur unzureichend abgebaut. Es bleiben Pflanzenreste, aus denen Torf entsteht. Bei den Niedermooren bildet sich der Torf insbesondere aus Schilf-, Seggen- und Erlenbeständen. Ein Niedermoor, auch Flachmoor genannt, passt sich der vorherrschenden Geländeform an. Hochmoore entstehen, wenn sich die wachsende, lebende Mooroberfläche durch Torfanhäufung über das Grundwasserniveau anhebt und aufwölbt. Der Moorrand kann die ursprüngliche Oberfläche um mehrere Meter überragen. Hochmoore werden nicht vom Grundwasser, sondern ausschließlich von Niederschlägen gespeist. Deshalb gibt es Hochmoore nur in niederschlagsreichen Regionen mit relativ kühlen Sommern. Regenwasser ist sehr arm an Nährsalzen. Ein von der Grundwasserversorgung und ihrer Nährstoffzufuhr

Das Moor ist ein ganz besonderer Lebensraum, es ist eine ökologische Übergangszone zwischen festem Land und Wasser.

abgeschnittenes Hochmoor ist deshalb ein nährstoffarmer Lebensraum. Hochmoorpflanzen sind Standortspezialisten, die langsam wachsend, klein und niedrigwüchsig sind. Zur Torfbildung tragen vorwiegend Torfmoose, Heidekrautgewächse und Wollgräser bei. Ein intaktes, lebendes Hochmoor bildet in einem Jahr 1 mm Torf. Eine Torfschicht von drei Metern benötigt für seine Entwicklung also 3.000 Jahre.
Der industrielle Abbau dieses Torfpaketes vollzieht sich hingegen in wenigen Jahren. Die Torfbildung ist die Folge der schlechten Bodendurchlüftung. Durch Sauerstoffmangel wird ein konservierendes Milieu geschaffen, das tote Pflanzenreste erhält. Neben dem Sauerstoffmangel und der Nährstoffarmut bestimmt ein weiterer Faktor den Lebensraum Moor: die starke Versauerung des Moorwassers.
In der Umgebung von Säurewerten unter PH 4 können übliche Feuchtgebietsbewohner nicht überleben. Ein letztes Merkmal des Hochmoores ist seine klimatische Insellage in der Landschaft. Das Torfpolster des Hochmoores ist ein riesiger Wasserspeicher. Bei Temperaturschwankungen „reagiert" das Moor infolgedessen verspätet.

Wer die Faszination des Moores entdecken möchte, sollte aufmerksam hinschauen: Eine Federlibelle versteckt sich hinter einem Binsenhalm.

Die Wege in die offene Hochmoorlandschaft Nordwestdeutschlands sind oft gesäumt von Birken.

Im Mai wird das Moor zur Kinderstube: An den ersten warmen Tagen schlüpfen Tausende Vierflecklibellen. Auch die Brut des Großen Brachvogels war erfolgreich.

Sommerzeit ist Libellenzeit: Noch vom Morgentau bedeckt erwacht die Gemeine Binsenjungfer auf der Blüte eines Weidenröschens. Das Netz der Kreuzspinne ist eine tödliche Gefahr für sie.

Die Flora und Fauna des Moores ist vergleichsweise artenarm, jedoch hochspezialisiert, und gerade in diesen Extremen liegt die Faszination für den Interessierten. Dies lässt sich am Beispiel der Vogelwelt zeigen: Meist handelt es sich bei den Vögeln um Bodenbrüter, wie den auch tagaktiven Nachtjäger Sumpfohreule. Im zeitigen Frühjahr treffen sich noch vor Sonnenaufgang laut zischend und fauchend die Birkhähne zu ihrer spektakulären Arenabalz. Im feuchten Grünland des Moorrandbereiches ziehen die Vögel mit den „langen Gesichtern", wie Uferschnepfe, Rotschenkel und Bekassine ihre Jungen auf. Im trockenen und verbuschten Randbereich tragen von einer erhöhten Sitzwarte aus sowohl das Blau- und das Schwarz-, als auch das Braunkehlchen ihren Reviergesang vor. Beim Eintreten der Nacht ertönt Ende Mai am Moorrand der schnurrende Balzgesang des nachtaktiven Ziegenmelkers. Der Flussregenpfeifer nutzt die Wiedervernässungflächen als Ausweichlebensraum, da naturnahe Flussläufe in unserer Landschaft Mangelware sind. Die ausgedehnten Moorniederungen dienen den Kranichen alljährlich im Frühjahr und im Herbst als Rastquartier auf ihrem Zug. Erfreulicherweise tönt im Frühjahr aus einsamen Winkeln des Moores der durchdringende Balzruf der Kraniche, denn sie nutzen die renaturierten Moore Norddeutschlands zunehmend als Brutrevier

Mit den ersten Nachtfrösten schwinden die Farben und Zugvögel aus dem Moor und eine melancholische Stille zieht ein.

Im November verhüllt Nebel oft tagelang das Moor. Formen und Grenzen lösen sich auf. An diesen Tagen kann man nachempfinden was Annette von Droste-Hülshoff in den ersten Zeilen ihres berühmten Gedichtes „Der Knabe im Moor“ beschreibt:

„O schaurig ist’s übers Moor zu gehn,
Wenn es wimmelt vom Heiderauche,
Sich wie Phantome die Dünste drehn
Und die Ranke häkelt am Strauche,
Unter jedem Tritt ein Quellchen springt,
Wenn es aus der Spalte zischt und singt! –
O schaurig ist’s übers Moor zu gehn,
Wenn der Röhrich knistert im Hauche! …“

Moore sind wichtige Rastplätze
für den Herbstzug der Vögel.
Bereits nach Sonnenuntergang
fällt eine Gruppe Kraniche
vor dem aufgehenden Mond in
ein Schlafquartier im Moor ein.

Der Winter formt bizarre Rauhreiflandschaften: Alles ist wie in Puderzucker getaucht, die Bäume glitzern bis in ihre dünnsten Zweige hinauf, die Heidekräuter blinken und die gelblichen alten Pfeifengrashorste beugen sich unter der weißen Pracht.

Moore sind aussterbende Lebensräume! Von der ehemals 250.000 ha Hochmoorfläche beispielsweise in Niedersachen sind nicht einmal zehn Prozent übrig geblieben. Oft sind auch die verbliebenen Reste nicht in natürlichem Zustand, denn Faktoren wie Torfabbau, Entwässerung für die Land- und Forstwirtschaft, Zerschneidung durch Infrastruktur, Eintrag von Dünger und Giften, Schadstoffbelastung durch die Luft und Druck durch Freizeittourismus und Jagd wirken auf das Moor ein.

Wie bereits dargestellt, galten die Moore lange Zeit als lebensfeindlicher Raum, den es zu kultivieren und zu nutzen galt. Hier setzt heute jedoch ein neues Bewusstsein ein. Denn Moore müssen zunehmend als letzte Rückzugs- und Lebensräume für gefährdete Pflanzen- und Tierarten und deren Lebensgemeinschaften, als charakteristische und erhaltenswerte Landschaft, als Zeugnis früherer Kulturen, Lebens- und Wirtschaftsweisen, als unersetzliches natürliches Forschungsarchiv, als letzte Reste einer naturnahen Landschaft und nicht zuletzt als „Tankstelle“ für Zugvögel und Wintergäste aus dem hohen Norden verstanden werden.

Singschwäne aus Skandinavien und Westsibirien verbringen den Winter in den Mooren Norddeutschlands. Bei Tagesanbruch verlassen sie den Schlafplatz im Moor, um auf den angrenzenden Feldern nach Nahrung zu suchen. Angeblich geht die Legende vom sterbenden Schwan, der vor seinem Tod noch einmal besonders schön singt, auf die Singschwäne zurück: Auch vom Eis eingeschlossen und dem Hungertod ausgeliefert, lassen die Vögel noch ihre klare Stimme hören.

Der Inhalt dieses Buches wurde auf Papier mit
chlorfrei gebleichtem Zellstoff gedruckt.

Die Deutsche Bibliothek – CIP-Einheitsaufnahme

1. Auflage 2005

Gesamtherstellung: Druckhaus Tecklenborg, Steinfurt

ISBN 3-934427-65-0

Text und Fotos: Willi Rolfes